AF187565

Impressum
Verlag: BABADADA GmbH, Nedderfeld 112 , 22529 Hamburg
Geschäftsführer / Verlagsleitung: Harald Hof
Druck: Books on Demand GmbH, In de Tarpen 42, 22848 Norderstedt

Imprint
Publisher: BABADADA GmbH, Nedderfeld 112 , 22529 Hamburg, Germany
Managing Director / Publishing direction: Harald Hof
Print: Books on Demand GmbH, In de Tarpen 42, 22848 Norderstedt

okul

xue xiao

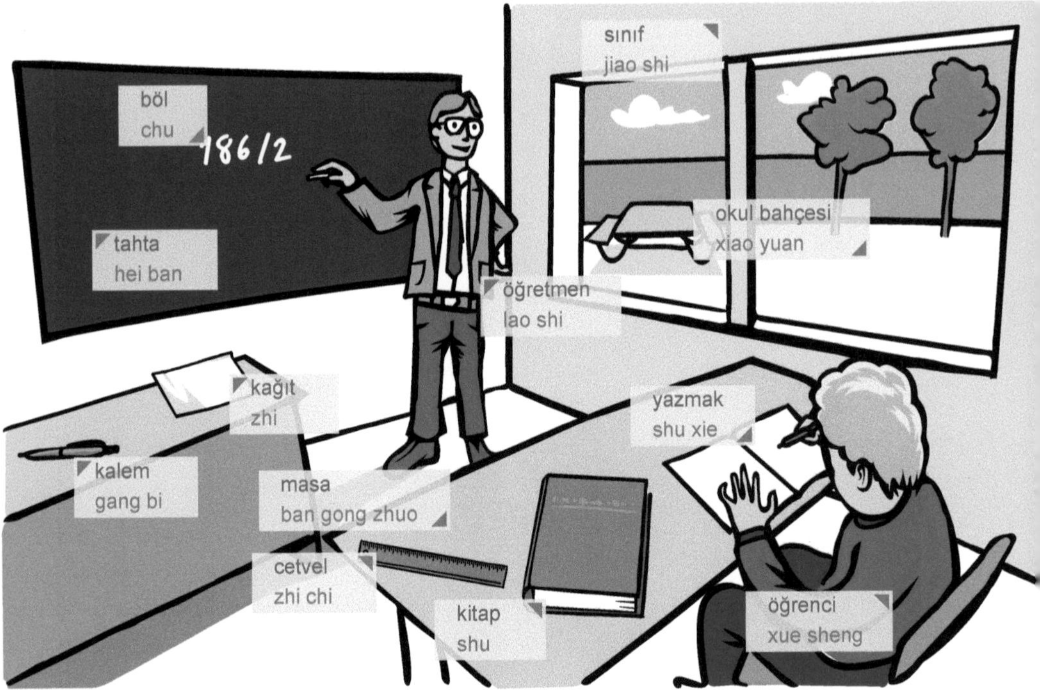

sınıf
jiao shi
böl
chu
186/2
tahta
hei ban
okul bahçesi
xiao yuan
öğretmen
lao shi
kağıt
zhi
yazmak
shu xie
kalem
gang bi
masa
ban gong zhuo
cetvel
zhi chi
kitap
shu
öğrenci
xue sheng

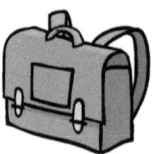

okul çantası

shu bao

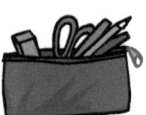

kalemlik

qian bi he

kurşun kalem

qian bi

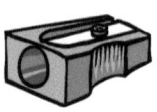

kalem açacağı

juan bi dao

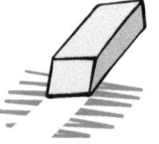

silgi

xiang pi ca

çizim defteri

hua ban

çizim

tu hua

resim fırçası

hua bi

boya kutusu

yan liao he

makas

jian dao

tutkal

jiao shui

alıştırma kitabı

lian xi ce

ödev

jia ting zuo ye

sayı

shu zi

2+2

ekle

jia

çıkar

jian

çarp

cheng

hesapla

ji suan

harf

zi mu

alfabe

zi mu biao

kelime

zi

metin

ke wen

okumak

du

tebeşir

fen bi

ders

shang ke

kayıt

deng ji

sınav

kao shi

sertifika

zheng shu

okul forması

xiao fu

eğitim

jiao yu

ansiklopedi

bai ke quan shu

üniversite

da xue

mikroskop

xian wei jing

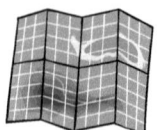

harita

di tu

kağıt çöp kutusu

fei zhi kuang

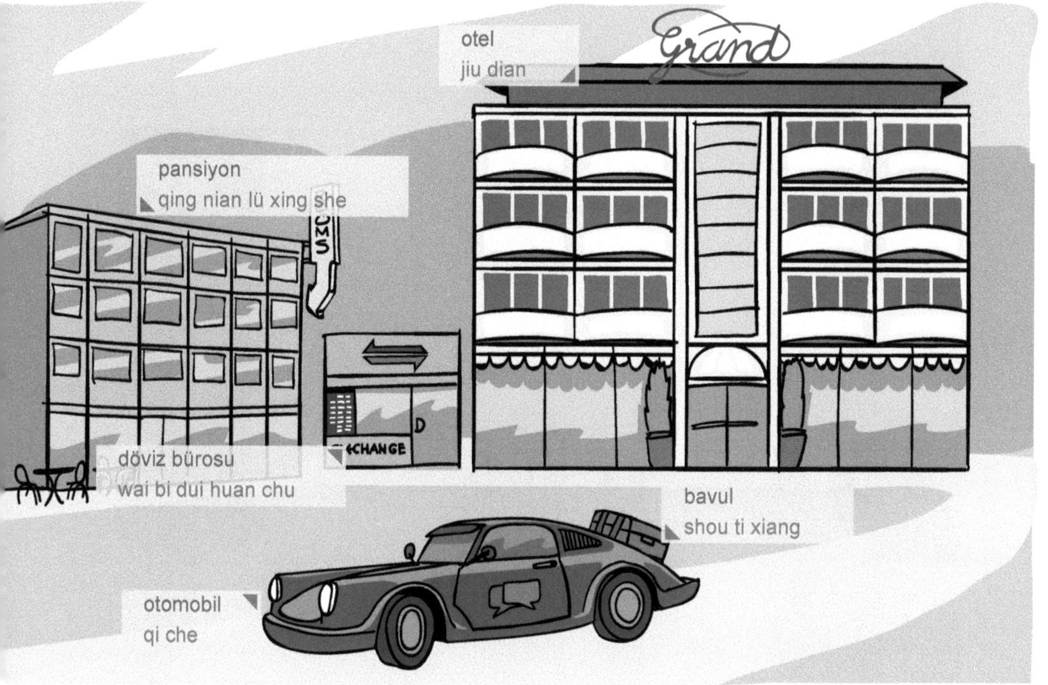

otel
jiu dian
Grand
pansiyon
qing nian lü xing she
döviz bürosu
wai bi dui huan chu
CHANGE
bavul
shou ti xiang
otomobil
qi che

dil
yu yan

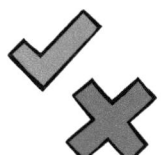

evet / hayır
shi/fou

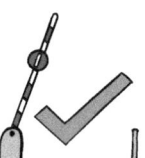

Tamam
hao de

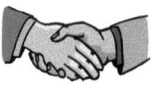

merhaba
nin hao

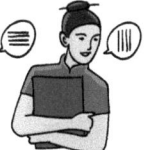

çevirmen
fan yi yuan

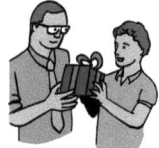

Teşekkür ederim
xie xie

bu ... ne kadar?

......duo shao qian?

anlamadım

wo bu ming bai

problem

wen ti

İyi akşamlar!

wan shang hao!

Günaydın!

zao shang hao!

İyi geceler!

wan an!

güle güle

zai jian

yön

fang xiang

bagaj

xing li

çanta

bao

sırt çantası

shuang jian bao

misafir

ke ren

oda

fang jian

uyku tulumu

shui dai

çadır

zhang peng

turist danışma

lü you xin xi

sahil

hai tan

kredi kartı

xin yong ka

kahvaltı

zao can

öğle yemeği

wu can

akşam yemeği

wan can

Bilet

piao

asansör

dian ti

pul

you piao

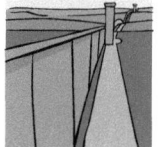

sınır

bian jie

gümrük

hai guan

elçilik

da shi guan

vize

qian zheng

pasaport

hu zhao

ulaşım
jiao tong yun shu

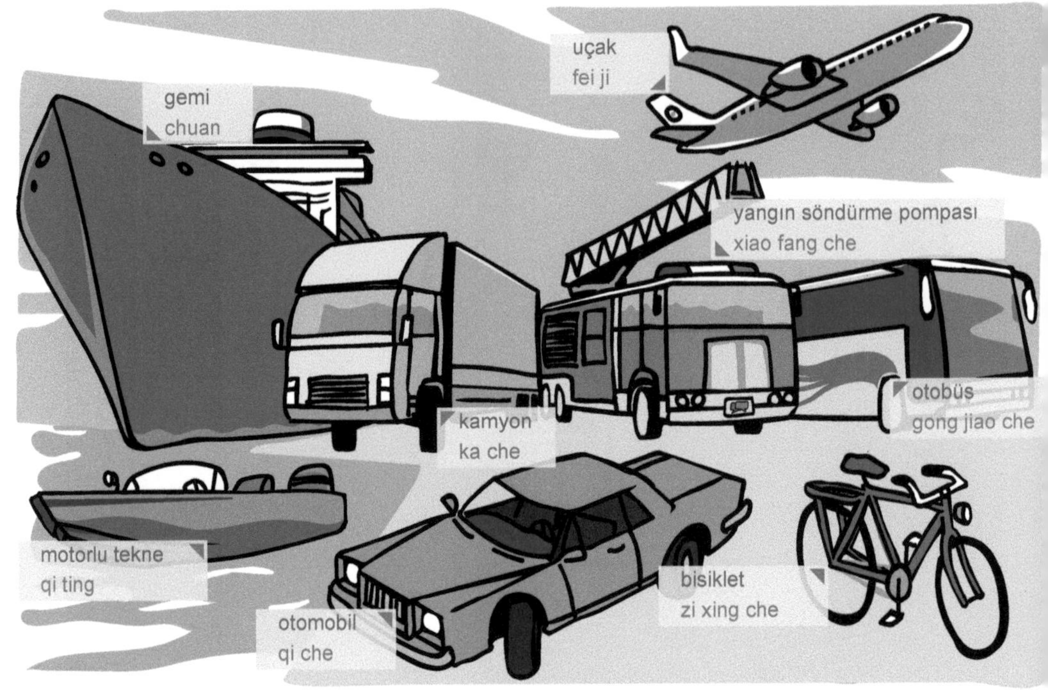
uçak
fei ji
gemi
chuan
yangın söndürme pompası
xiao fang che
otobüs
gong jiao che
kamyon
ka che
motorlu tekne
qi ting
bisiklet
zi xing che
otomobil
qi che

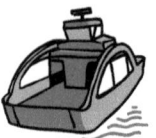

feribot
bai du chuan

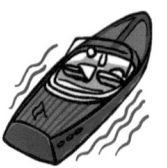

bot
xiao chuan

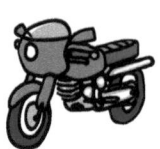

motosiklet
mo tuo che

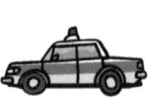

polis arabası
jing che

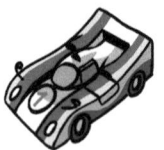

yarış arabası
sai che

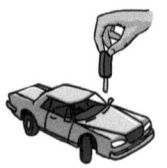

kiralık araba
zu che

ortak araba

pin che

çekici

tuo che

çöp kamyonu

la ji che

motor

fa dong ji

yakıt

qi you

benzinlik

jia you zhan

trafik işareti

jiao tong biao zhi

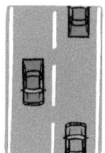

trafik

jiao tong

trafik sıkışıklığı

jiao tong du sai

otopark

ting che chang

tren istasyonu

huo che zhan

ray

gui dao

tren

huo che

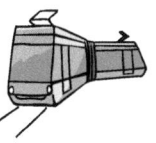

tramvay

dian che

vagon

huo che

helikopter

zhi sheng ji

havaalanı

ji chang

kule

ta

yolcu

cheng ke

konteyner

ji zhuang xiang

koli

zhi ban xiang

yük arabası

shou tui che

sepet

lan zi

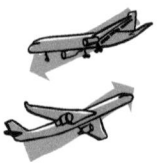

kalkış / iniş

qi fei/jiang luo

şehir
cheng shi

köy

cun zhuang

şehir merkezi

shi zhong xin

ev

fang zi

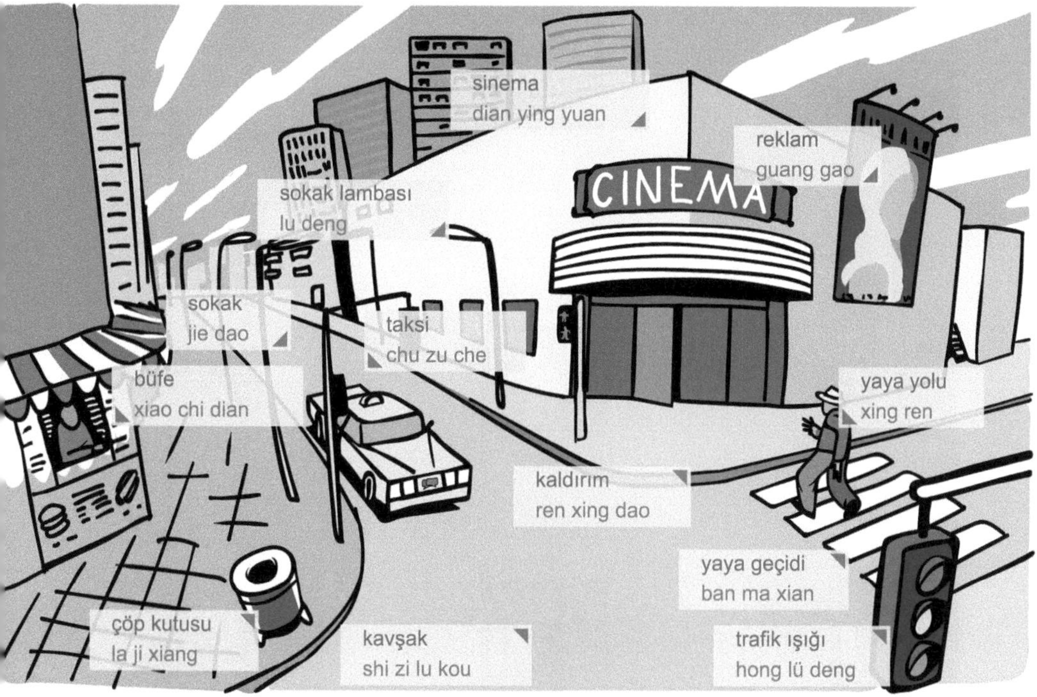

sinema
dian ying yuan

reklam
guang gao

sokak lambası
lu deng

CINEMA

sokak
jie dao

taksi
chu zu che

büfe
xiao chi dian

yaya yolu
xing ren

kaldırım
ren xing dao

yaya geçidi
ban ma xian

çöp kutusu
la ji xiang

kavşak
shi zi lu kou

trafik ışığı
hong lü deng

kulübe

xiao wu

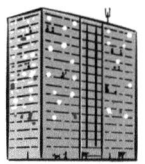

apartman dairesi

gong yu

tren istasyonu

huo che zhan

belediye binası

shi zheng ting

müze

bo wu guan

okul

xue xiao

üniversite

da xue

banka

yin hang

hastane

yi yuan

otel

jiu dian

eczane

yao fang

ofis

ban gong shi

kitapçı

shu dian

mağaza

shang dian

çiçekçi

hua dian

süpermarket

chao shi

market

shi chang

büyük mağaza

bai huo shang dian

balık satıcısı

yu dian

alışveriş merkezi

gou wu zhong xin

liman

hai gang

park

gong yuan

bank

chang deng

köprü

qiao

merdiven

lou ti

metro

di tie

tünel

sui dao

otobüs durağı

gong jiao che zhan

bar

jiu ba

restoran

can guan

posta kutusu

you tong

sokak tabelası

lu biao

otopark sayacı

ting che ji shi qi

hayvanat bahçesi

dong wu yuan

yüzme havuzu

you yong guan

cami

qing zhen si

çiftlik

nong chang

kirlilik

wu ran

mezarlık

mu di

kilise

jiao tang

oyun alanı

cao chang

tapınak

si miao

arazi

di xing

yaprak
shu ye

yön tabelası
zhi shi pai

yol
lu

çayır
cao di

taş
shi tou

yürüyüşçü
tu bu lü xing zhe

ağaç
shu

ırmak
he

çimen
cao

çiçek
hua

vadi

xia gu

tepe

shan

göl

hu

orman

sen lin

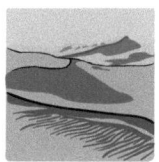

çöl

sha mo

volkan

huo shan

kale

cheng bao

gökkuşağı

cai hong

mantar

mo gu

palmiye

zong lü shu

sivrisinek

wen zi

sinek

cang ying

karınca

ma yi

arı

mi feng

örümcek

zhi zhu

böcek

jia chong

kurbağa

qing wa

sincap

song shu

kirpi

ci wei

yabani tavşan

ye tu

baykuş

mao tou ying

kuş

niao

kuğu

tian e

yaban domuzu

ye zhu

geyik

lu

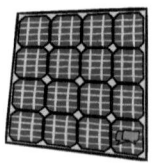

geyik

mi lu

baraj

shui ba

rüzgar türbini

feng li fa dian ji

güneş paneli

tai yang neng dian chi ban

iklim

qi hou

restoran
can guan

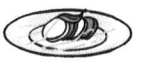

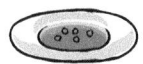

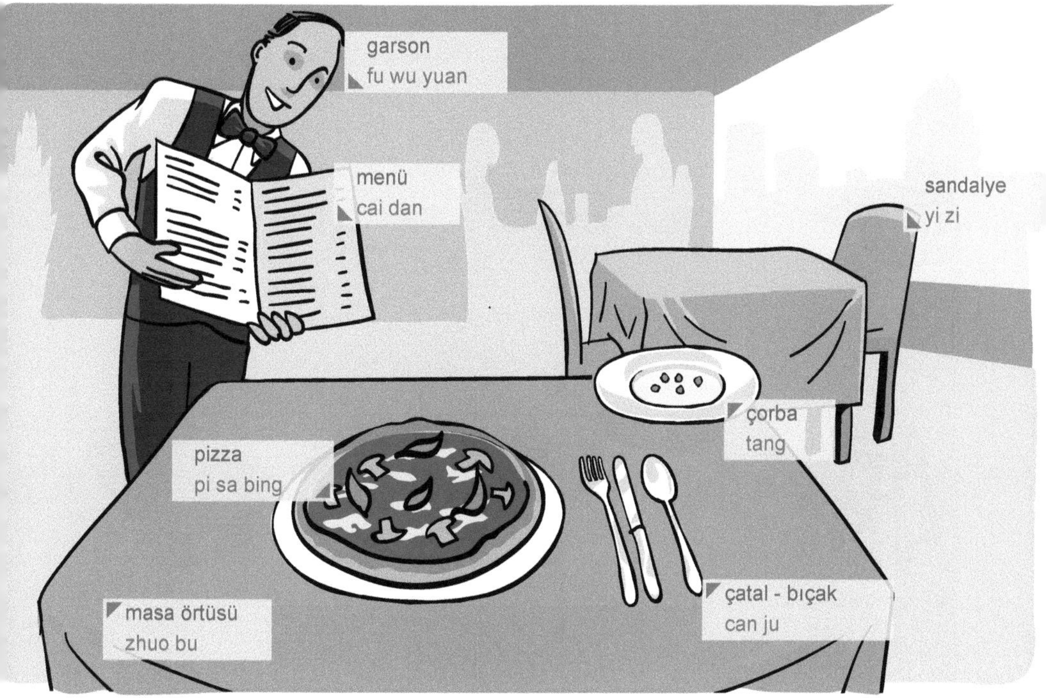
garson
fu wu yuan
menü
cai dan
sandalye
yi zi
çorba
tang
pizza
pi sa bing
masa örtüsü
zhuo bu
çatal - bıçak
can ju

başlangıç
qian cai

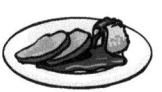

ana yemek
zhu cai

tatlı
tian dian

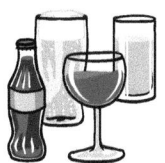

içecekler
yin liao

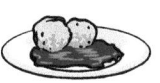

yemek
shi wu

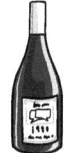

şişe
ping zi

fastfood

kuai can

sokak yemeği

jie bian xiao chi

çaydanlık

cha hu

şekerlik

tang he

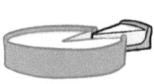

porsiyon

yi fen fan cai

espresso makinesi

yi shi ka fei ji

mama sandalyesi

gao jiao yi

fatura

zhang dan

tepsi

tuo pan

bıçak

dao

çatal

can cha

kaşık

shao zi

çay kaşığı

cha chi

servis peçetesi

can jin

bardak

bo li bei

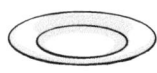

tabak

die zi

çorba kasesi

tang pan

fincan altlığı

die zi

sos

jiang

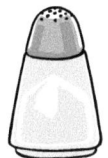

tuzluk

yan ping

karabiber değirmeni

hu jiao mo

sirke

cu

yağ

shi yong you

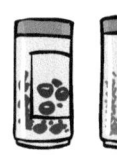

baharat

tiao wei liao

ketçap

fan qie jiang

hardal

jie mo

mayonez

dan huang jiang

süpermarket
chao shi

özel teklif
te jia
FOR
müşteri
gu ke
süt ürünleri
ru zhi pin
meyve
shui guo
alışveriş arabası
gou wu che

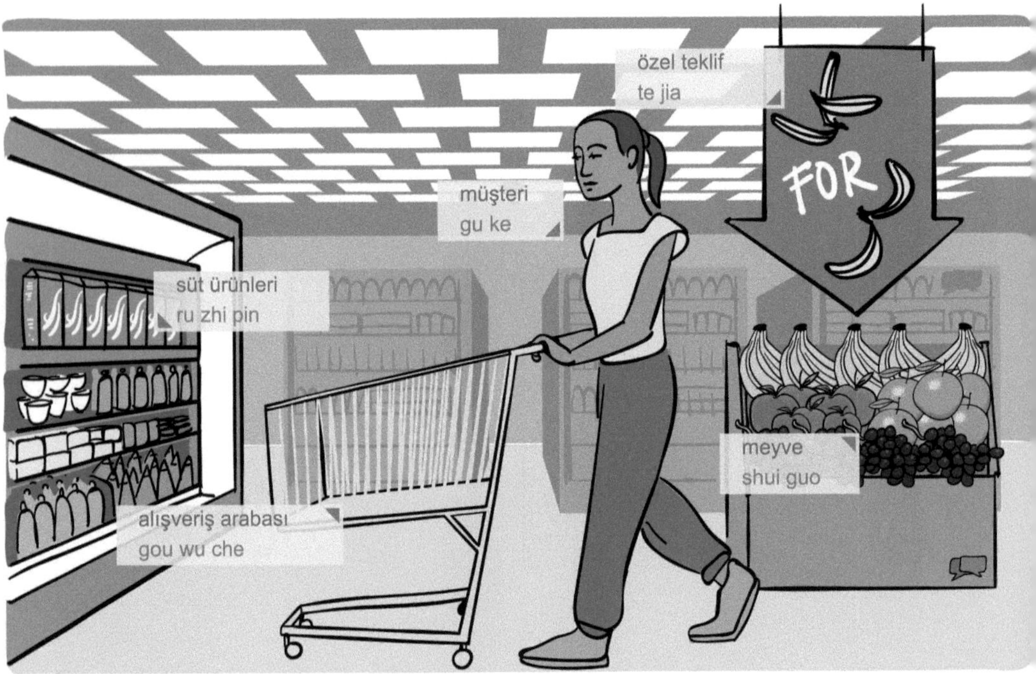

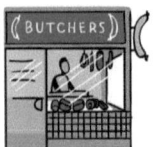

BUTCHERS

kasap

rou pu

BAKERY

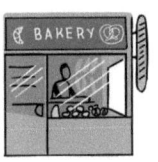

fırın

mian bao fang

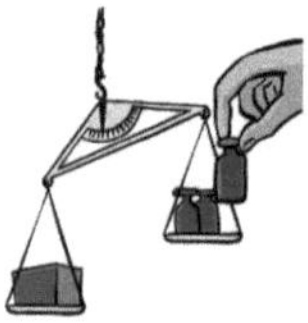

tartmak

cheng zhong

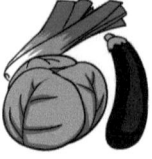

sebze

shu cai

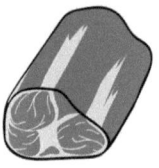

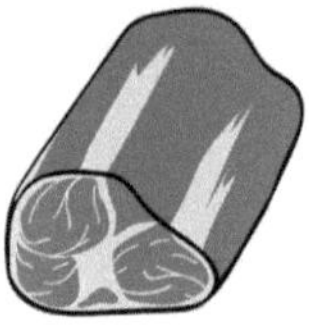

et

rou

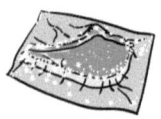

donmuş gıda

leng dong shi pin

söğüş et

leng pan

konserve yiyecek

guan tou shi pin

toz deterjan

xi yi fen

şekerlemeler

tian shi

ev temizlik ürünleri

ri yong pin

temizlik ürünleri

qing jie yong pin

satış görevlisi

xiao shou yuan

yazar kasa

shou yin ji

kasiyer

shou yin yuan

alışveriş listesi

gou wu qing dan

açılış saatleri

kai fang shi jian

cüzdan

qian bao

kredi kartı

xin yong ka

çanta

dai zi

plastik poşet

su liao dai

su

shui

meyve suyu

guo zhi

süt

niu nai

kola

ke le

şarap

hong jiu

bira

pi jiu

alkol

jiu

kakao

ke ke

çay

cha

kahve

ka fei

espresso

yi shi nong suo ka fei

kapuçino

ka bu qi nuo

muz

xiang jiao

elma

ping guo

portakal

cheng zi

kavun

xi gua

limon

ning meng

havuç

hu luo bo

sarımsak

da suan

bambu

zhu zi

soğan

yang cong

mantar

mo gu

çerez

jian guo

makarna

mian tiao

spagetti

yi da li mian tiao

pirinç

mi fan

salata

sha la

cips

shu tiao

patates kızartması

zha tu dou

pizza

pi sa bing

hamburger

han bao bao

sandviç

san ming zhi

şinitzel

zha zhu pai

pastırma

huo tui

salam

sa la mi

sosis

xiang chang

tavuk

ji rou

rosto

kao rou

balık

yu

yulaf ezmesi

yan mai pian

müsli

mu zi li

mısır gevreği

yu mi pian

un

mian fen

kruvasan

yang jiao mian bao

küçük ekmek

mian bao juan

ekmek

mian bao

tost

kao mian bao

bisküvi

bing gan

tereyağı

huang you

kaymak

ning ru

kek

dan gao

yumurta

dan

sahanda yumurta

jian dan

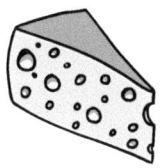

peynir

nai lao

dondurma

bing ji lin

şeker

tang

bal

feng mi

reçel

guo jiang

fındık ezmesi

qiao ke li jiang

köri

ga li fan

çiftlik
nong chang

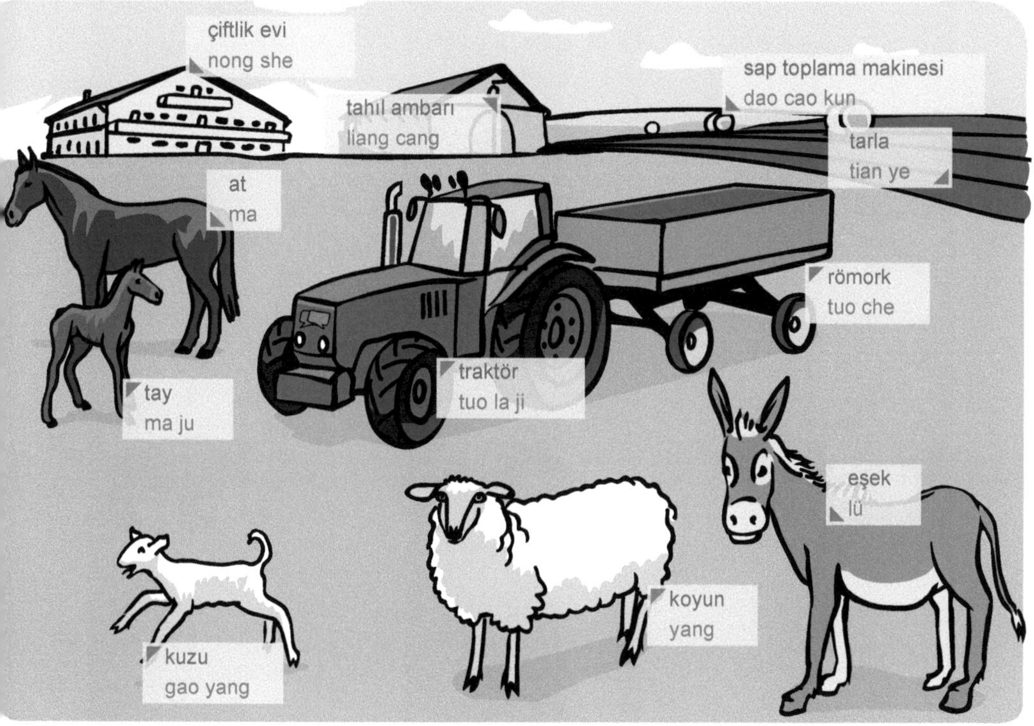

çiftlik evi
nong she
sap toplama makinesi
dao cao kun
tahıl ambarı
liang cang
tarla
tian ye
at
ma
römork
tuo che
traktör
tuo la ji
tay
ma ju
eşek
lü
koyun
yang
kuzu
gao yang

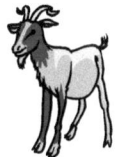

keçi

shan yang

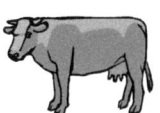

inek

nai niu

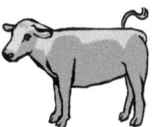

buzağı

niu du

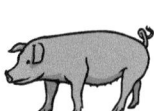

domuz

zhu

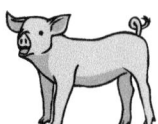

domuz yavrusu

xiao zhu

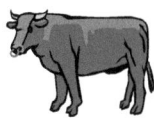

boğa

gong niu

kaz

e

ördek

ya

civciv

xiao ji

tavuk

mu ji

horoz

gong ji

sıçan

shu

kedi

mao

fare

lao shu

öküz

niu

köpek

gou

köpek kulübesi

gou wu

bahçe hortumu

hua yuan jiao shui ruan guan

sulama kabı

sa shui hu

tırpan

chang bing da lian dao

pulluk

li

orak

lian dao

çapa

chu tou

dirgen

chang bing cao pa

balta

fu tou

el arabası

du lun shou tui che

yemlik

si liao cao

süt kovası

niu nai guan

çuval

ma bu dai

çit

zha lan

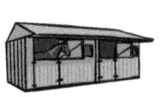

ahır

ma jiu

sera

wen shi

toprak

tu rang

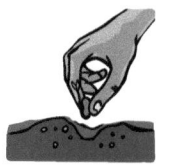

tohum

zhong zi

gübre

fei liao

biçerdöver

lian he shou ge ji

hasat etmek

shou ge

harman

shou ge

tatlı patates

shan yao

buğday

xiao mai

soya

da dou

patates

tu dou

mısır

yu mi

kolza

you cai zi

meyve ağacı

guo shu

manyok

shu shu

hububat

gu wu

ev

fang zi

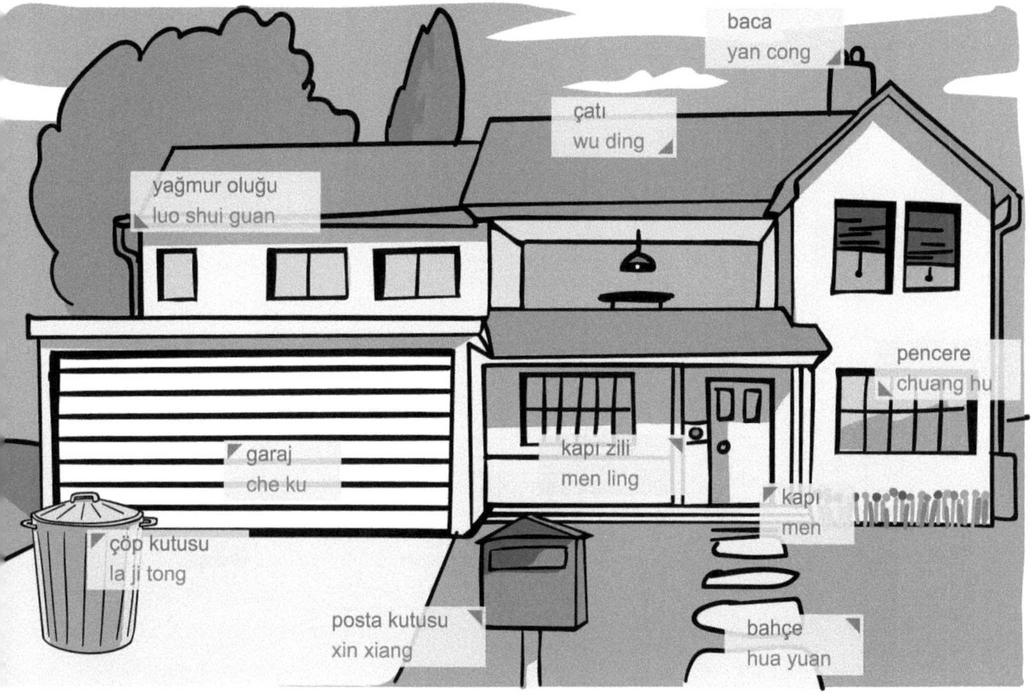
baca
yan cong
çatı
wu ding
yağmur oluğu
luo shui guan
pencere
chuang hu
garaj
che ku
kapı zili
men ling
kapı
men
çöp kutusu
la ji tong
posta kutusu
xin xiang
bahçe
hua yuan

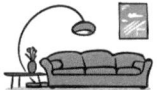

oturma odası

ke ting

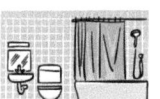

banyo

yu shi

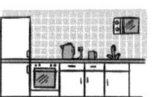

mutfak

chu fang

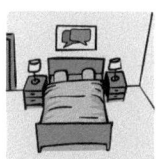

yatak odası

wo shi

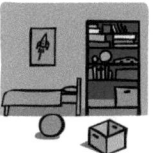

çocuk odası

er tong fang

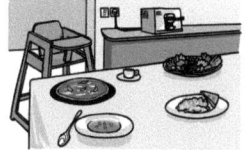

yemek odası

can ting

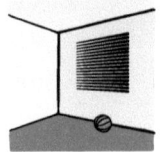

zemin

di ban

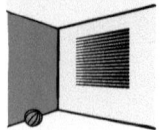

duvar

qiang bi

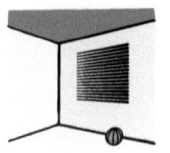

tavan

diao ding

kiler

di jiao

sauna

sang na

balkon

yang tai

teras

lu tai

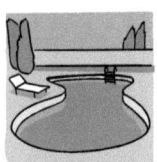

havuz

you yong chi

çim biçme makinesi

ge cao ji

çarşaf

bei dan

yatak örtüsü

chuang zhao

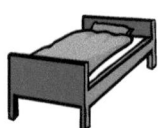

yatak

chuang

süpürge

sao zhou

kova

shui tong

anahtar

kai guan

oturma odası
ke ting

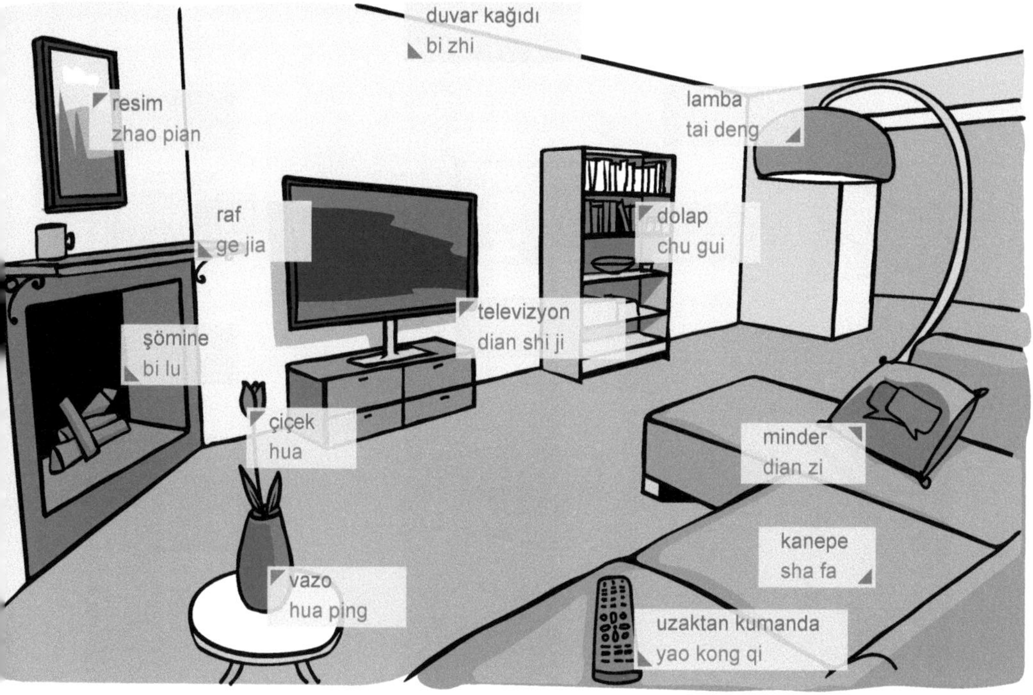
duvar kağıdı
bi zhi
resim
zhao pian
lamba
tai deng
raf
ge jia
dolap
chu gui
televizyon
dian shi ji
şömine
bi lu
çiçek
hua
minder
dian zi
kanepe
sha fa
vazo
hua ping
uzaktan kumanda
yao kong qi

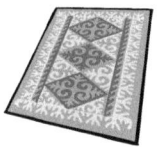

halı

di tan

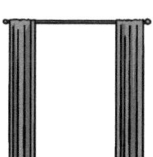

perde

chuang lian

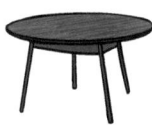

masa

can zhuo

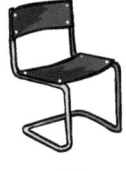

sandalye

yi zi

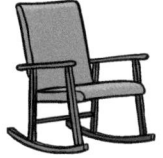

salıncaklı koltuk

yao yi

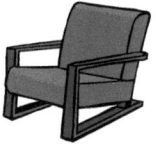

koltuk

fu shou yi

kitap

shu

battaniye

tan zi

dekor

zhuang shi pin

odun

mu chai

film

dian ying

hi-fi

gao bao zhen yin xiang

anahtar

yao shi

gazete

bao zhi

tablo

you hua

poster

hai bao

radyo

shou yin ji

defter

bi ji ben

elektrikli süpürge

xi chen qi

kaktüs

xian ren zhang

mum

la zhu

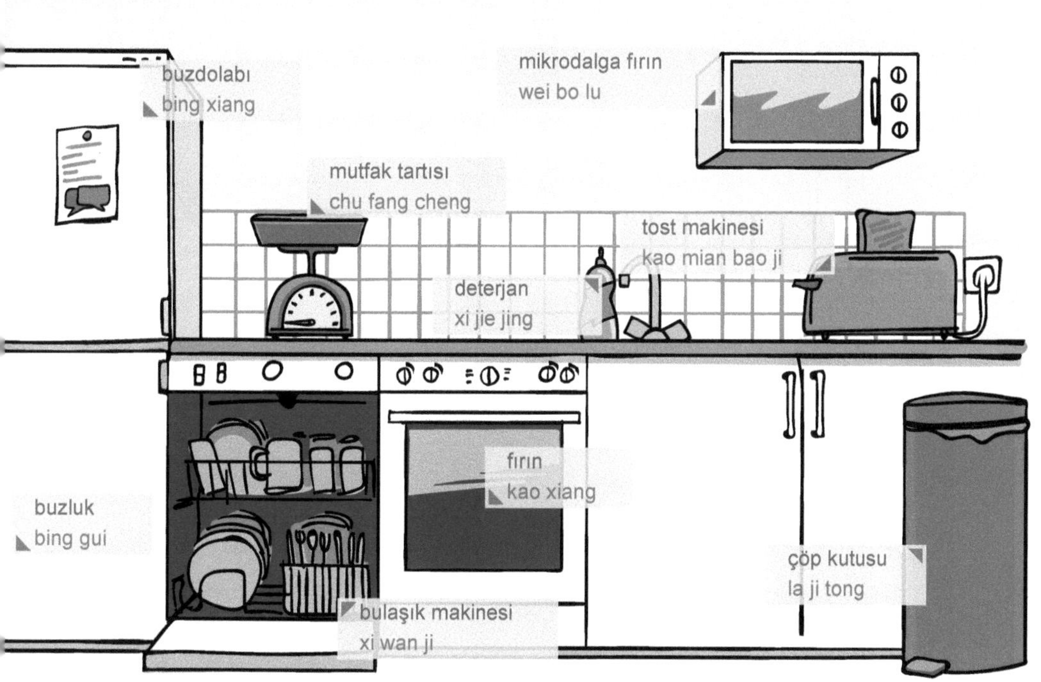

buzdolabı
bing xiang

mikrodalga fırın
wei bo lu

mutfak tartısı
chu fang cheng

tost makinesi
kao mian bao ji

deterjan
xi jie jing

fırın
kao xiang

buzluk
bing gui

çöp kutusu
la ji tong

bulaşık makinesi
xi wan ji

ocak
chui ju

tencere
guo

döküm tencere
zhu tie guo

wok
sha guo

tava
ping di guo

su ısıtıcı
shui hu

buharlı pişirici

zheng guo

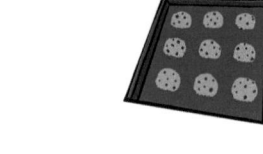

pişirme tepsisi

kao pan

tabak takımı

tao ci guo

kupa

ma ke bei

kase

wan

çubuk (çin yemeği)

kuai zi

kepçe

chang bing shao

spatula

chan zi

çırpma teli

jiao ban qi

süzgeç

lü wang

elek

shai zi

rende

mo sui ji

havan

yan bo

barbekü

shao kao

açık ateş

ming huo

kesme tahtası

cai ban

merdane

gan mian zhang

tirbüşon

kai ping qi

konserve kutusu

guan zi

konserve açacağı

kai ping qi

fırın eldiveni

ge re shou tao

evye

shui cao

fırça

shua zi

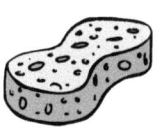

sünger

hai mian

blender

jiao ban ji

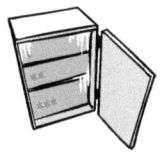

derin dondurucu

leng cang xiang

biberon

nai ping

musluk

shui long tou

banyo
yu shi

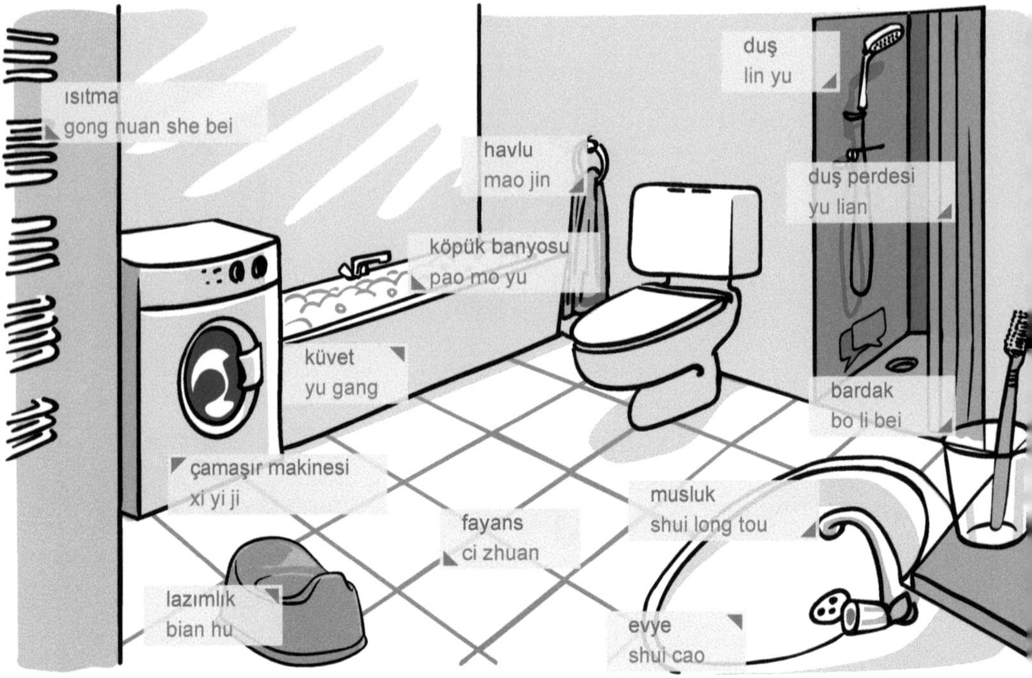
ısıtma
gong nuan she bei
havlu
mao jin
duş
lin yu
duş perdesi
yu lian
köpük banyosu
pao mo yu
küvet
yu gang
bardak
bo li bei
çamaşır makinesi
xi yi ji
musluk
shui long tou
fayans
ci zhuan
lazımlık
bian hu
evye
shui cao

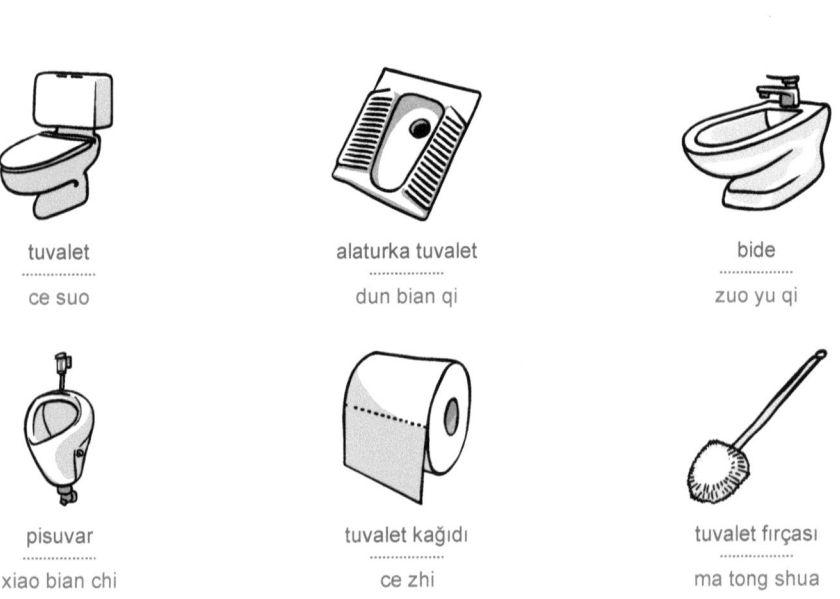

tuvalet
ce suo

alaturka tuvalet
dun bian qi

bide
zuo yu qi

pisuvar
xiao bian chi

tuvalet kağıdı
ce zhi

tuvalet fırçası
ma tong shua

diş fırçası

ya shua

diş macunu

ya gao

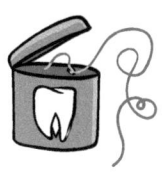

diş ipi

ya xian

yıkamak

xi

duş başlığı

shou chi shi pen lin tou

duş başlığı şeklinde taharet musluğu

chong xi qi

küvet

xi lian pen

banyo fırçası

ca bei shua

sabun

fei zao

duş jeli

mu yu lu

şampuan

xi fa shui

banyo lifi

fa lan rong

gider

pai shui

krem

ru shuang

deodorant

chu chou ji

ayna

jing zi

el aynası

shou jing

jilet

ti xu dao

tıraş köpüğü

ti xu pao mo

tıraş losyonu

xu hou shui

tarak

shu zi

fırça

shua zi

saç kurutma makinesi

chui feng ji

saç spreyi

pen fa ding xing ji

makyaj

hua zhuang pin

ruj

chun gao

tırnak cilası

zhi jia you

pamuk

hua zhuang mian

tırnak makası

zhi jia jian

parfüm

xiang shui

makyaj çantası

xi shu bao

tabure

deng zi

tartı

ji zhong cheng

bornoz

yu pao

lastik eldiven

xiang jiao shou tao

tampon

wei sheng mian tiao

kadın pedi

wei sheng jin

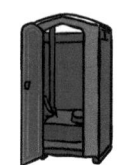

kimyevi tuvalet

hua xue ce suo

çocuk odası
er tong fang

çalar saat
nao zhong
peluş oyuncak
mao rong wan ju
oyuncak araba
wan ju che
çıngırak
bo lang gu
bebek evi
wan ju wu
hediye
li wu

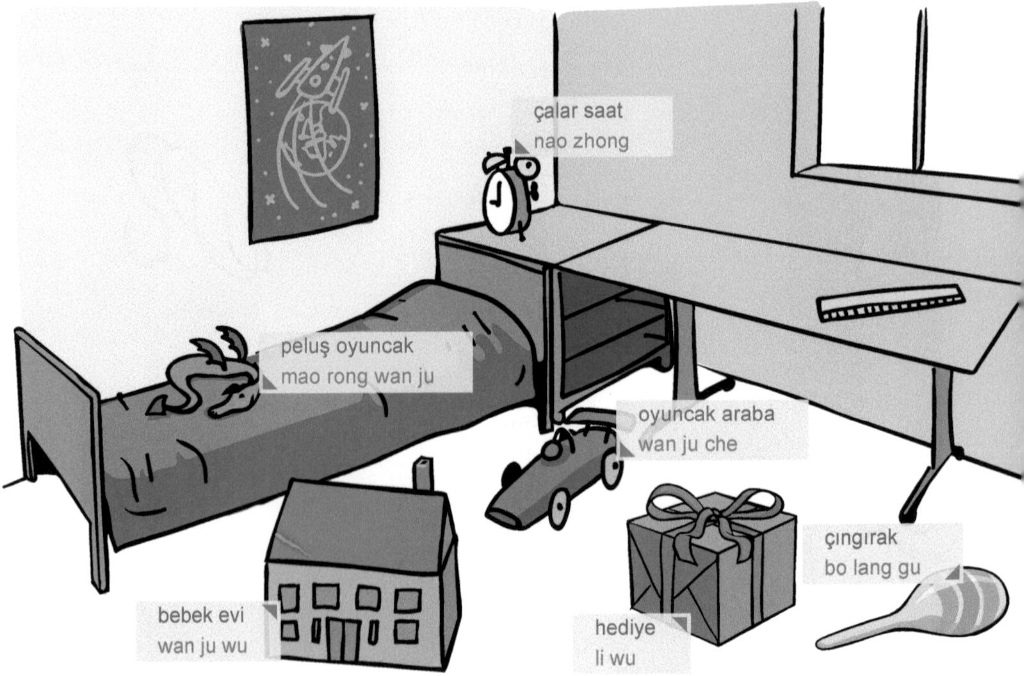

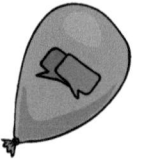

balon

qi qiu

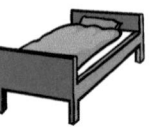

yatak

chuang

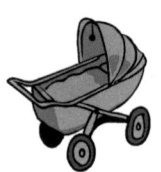

bebek arabası

(yang wa wa yong)ying er che

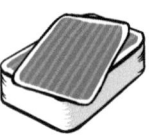

kart destesi

pu ke pai

yapboz

pin tu

SUPER MEGA

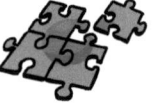

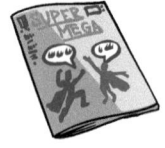

çizgi roman

man hua

lego tuğlaları

le gao ji mu

lego blokları

ji mu wan ju

aksiyon figürü

wan ju ren

zıbın

ying er fu

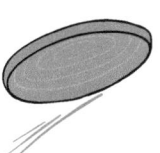

frizbi

fei pan

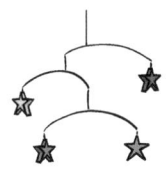

dönence

chuang ling wan ju

masa oyunu

qi pan you xi

zar

shai zi

model tren seti

huo che mo xing

emzik

an fu nai zui

parti

ju hui

resimli kitap

hui ben

top

qiu

oyuncak bebek

yang wa wa

oynamak

wan

kum havuzu

sha keng

salıncak

qiu qian

oyuncaklar

wan ju

video oyun konsolu

you xi ji

üç tekerlekli bisiklet

san lun che

oyuncak ayı

tai di xiong

gardırop

yi chu

kıyafet

yi fu

çorap

wa zi

külotlu çorap

chang wa

tayt

jin shen ku

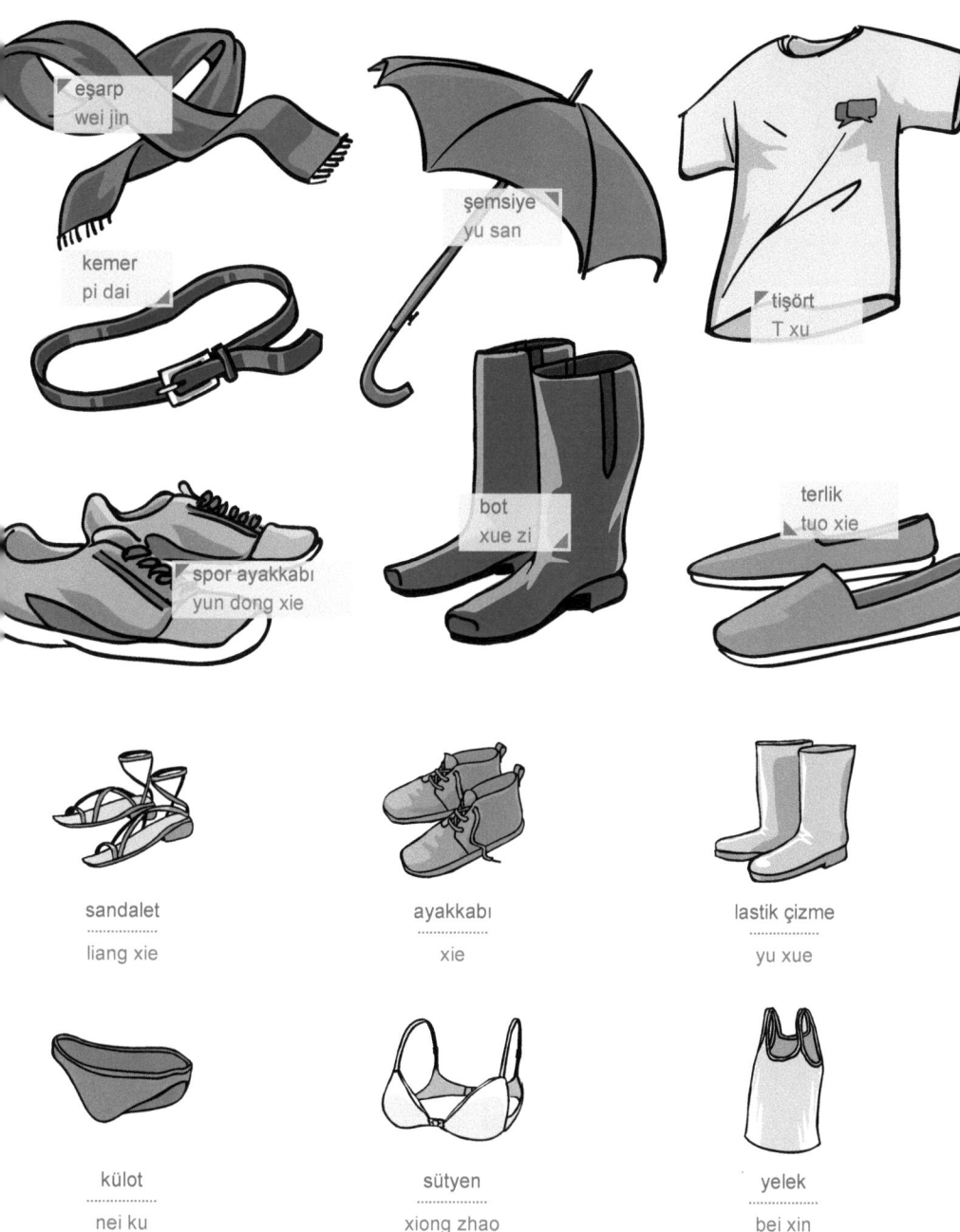

eşarp
wei jin

şemsiye
yu san

tişört
T xu

kemer
pi dai

bot
xue zi

terlik
tuo xie

spor ayakkabı
yun dong xie

sandalet
liang xie

ayakkabı
xie

lastik çizme
yu xue

külot
nei ku

sütyen
xiong zhao

yelek
bei xin

dar bluz

shen ti

pantolon

ku zi

kot pantolon

niu zai ku

etek

duan qun

bluz

nü shi chen shan

gömlek

chen shan

kazak

tao tou shan

süveter

wei yi

blazer

xi zhuang jia ke

ceket

jia ke

mont

wai tao

yağmurluk

yu yi

kostüm

tao zhuang

elbise

lian yi qun

gelinlik

hun sha

takım elbise
xi zhuang

gecelik
shui pao

pijama
shui yi

sari
sha li

baş örtüsü
tou jin

türban
bao tou jin

burka
bo ka

kaftan
ka fu tan

çarşaf
(a la bo shi)chang pao

mayo
yong yi

erkek mayosu
nan shi yong ku

şort
duan ku

eşofman
yun dong fu

önlük
wei qun

eldiven
shou tao

düğme

niu kou

gözlük

yan jing

bilezik

shou lian

kolye

xiang lian

yüzük

jie zhi

küpe

er huan

kep

bian mao

portmanto

yi jia

şapka

mao zi

kravat

ling dai

fermuar

la lian

kask

tou kui

pantolon askısı

bei dai

okul forması

xiao fu

üniforma

zhi fu

kıyafet - yi fu

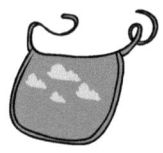

mama önlüğü

wei dou

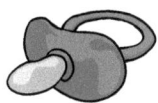

emzik

an fu nai zui

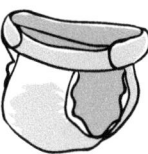

bebek bezi

niao bu shi

ofis

ban gong shi

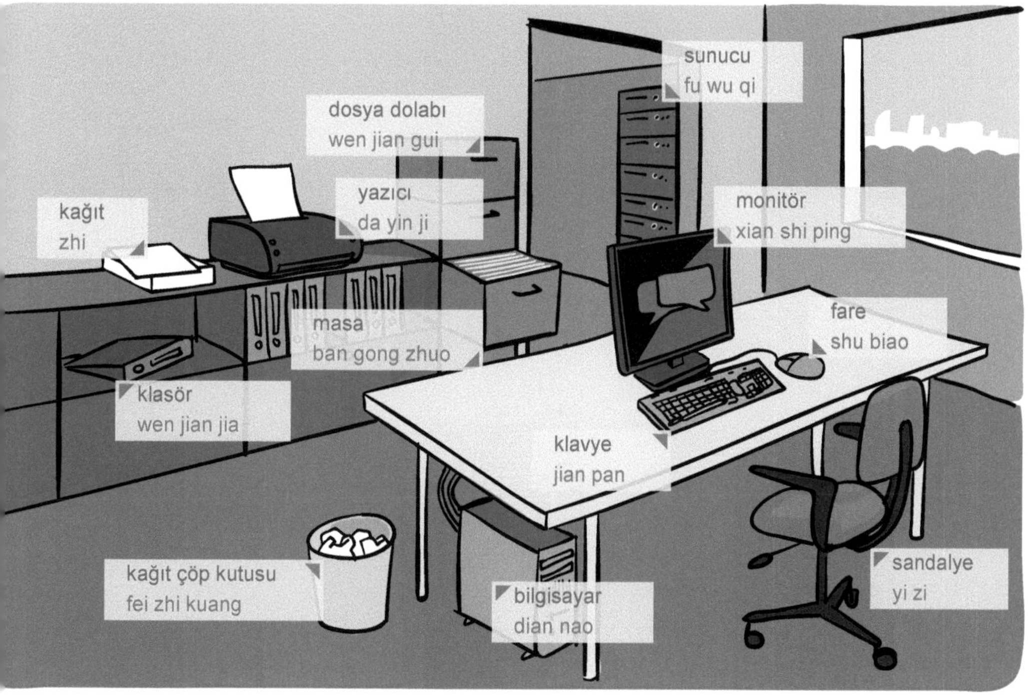

sunucu
fu wu qi
dosya dolabı
wen jian gui
yazıcı
da yin ji
kağıt
zhi
monitör
xian shi ping
fare
shu biao
masa
ban gong zhuo
klasör
wen jian jia
klavye
jian pan
kağıt çöp kutusu
fei zhi kuang
bilgisayar
dian nao
sandalye
yi zi

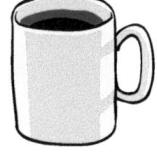

kahve fincanı

ka fei bei

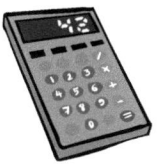

hesap makinesi

ji suan qi

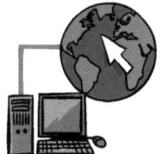

internet

yin te wang

dizüstü

bi ji ben dian nao

mektup

xin jian

mesaj

xiao xi

cep telefonu

shou ji

ağ

wang luo

fotokopi makinesi

fu yin ji

yazılım

ruan jian

telefon

dian hua

priz

cha zuo

faks makinesi

chuan zhen ji

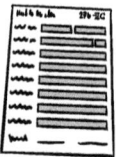

form

biao ge

belge

wen jian

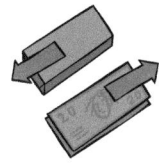

satın almak

mai

ödemek

fu qian

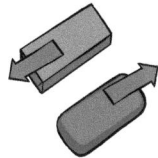

ticaret yapmak

jiao yi

para

xian jin

dolar

mei yuan

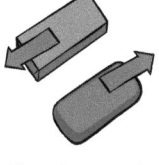

avro

ou yuan

yen

ri yuan

ruble

lu bu

İsviçre frangı

rui shi fa lang

Çin yuanı

ren min bi

rupi

lu bi

kasa

ti kuan chu

döviz bürosu

wai bi dui huan chu

altın

jin

gümüş

yin

petrol

shi you

enerji

neng yuan

fiyat

jia ge

kontrat

he tong

vergi

shui jin

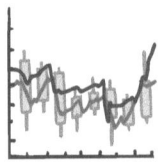

menkul değer

gu piao

çalışmak

gong zuo

işveren

zhi yuan

işçi

lao ban

fabrika

gong chang

mağaza

shang dian

polis memuru
jing guan

itfaiyeci
xiao fang yuan

aşçı
chu shi

doktor
yi sheng

pilot
fei xing yuan

bahçıvan

yuan ding

marangoz

mu jiang

terzi

cai feng

hakim

fa guan

kimyager

hua xue jia

aktör

yan yuan

otobüs şoförü

gong jiao che si ji

taksi şoförü

chu zu che si ji

balıkçı

yu fu

temizlikçi

qing jie nü gong

çatı ustası

wu ding gong

garson

fu wu yuan

avcı

lie ren

boyacı

hua jia

fırıncı

mian bao shi

elektrikçi

dian gong

inşaatçı

jian zhu gong ren

mühendis

gong cheng shi

kasap

tu fu

muslukçu

shui guan gong

postacı

you di yuan

asker

shi bing

mimar

jian zhu shi

kasiyer

shou yin yuan

çiçekçi

hua nong

kuaför

li fa shi

kondüktör

shou piao yuan

tamirci

ji xie shi

kaptan

chuan zhang

dişçi

ya yi

bilim insanı

ke xue jia

haham

la bi

imam

yi ma mu

keşiş

he shang

rahip

mu shi

aletler
gong ju

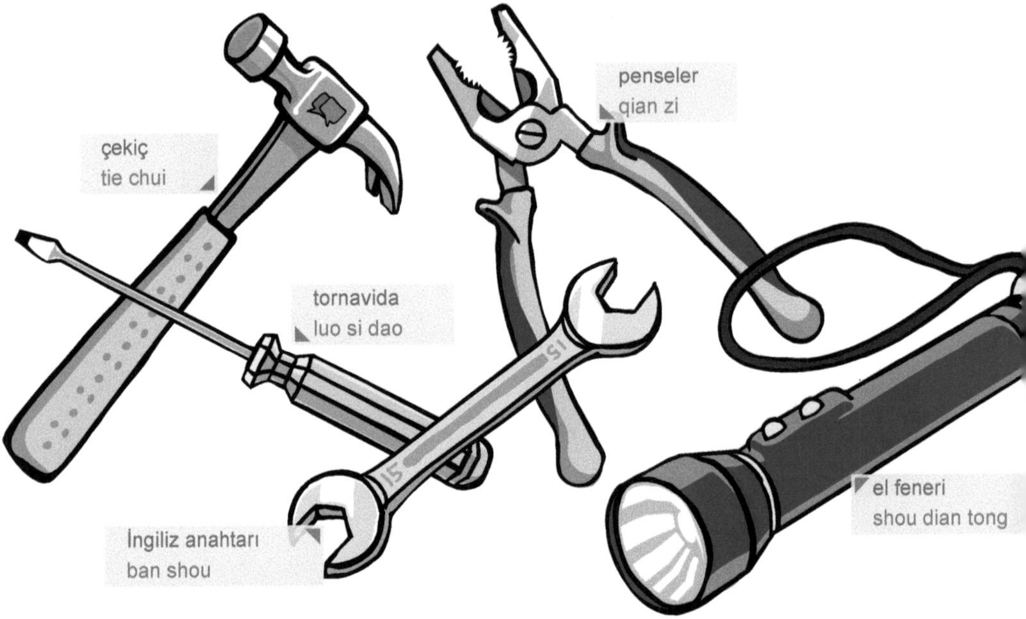

penseler
qian zi
çekiç
tie chui
tornavida
luo si dao
el feneri
shou dian tong
İngiliz anahtarı
ban shou

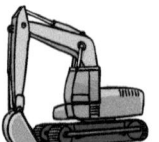

kazı makinesi

wa jue ji

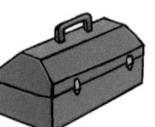

alet çantası

gong ju xiang

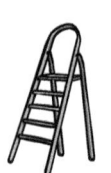

merdiven

ti zi

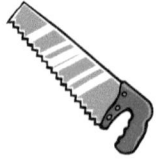

testere

ju zi

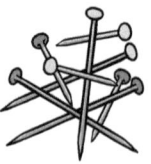

çiviler

ding zi

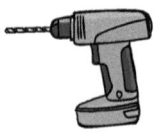

matkap

zuan ji

tamir etmek

xiu

kürek

chan zi

Kahretsin!

kao!

faraş

bo ji

boya tenekesi

you qi tong

vidalar

luo si

müzik enstrümanı
yue qi

bateri seti
da ji yue qi

hoparlör
yang sheng qi

gitar
ji ta

kontrbas
di yin ti qin

trompet
xiao hao

piyano

gang qin

keman

xiao ti qin

basgitar

bei si

timpani

ding yin gu

bateri

gu

klavye

dian zi qin

saksafon

sa ke si guan

flüt

chang di

mikrofon

mai ke feng

hayvanat bahçesi
dong wu yuan

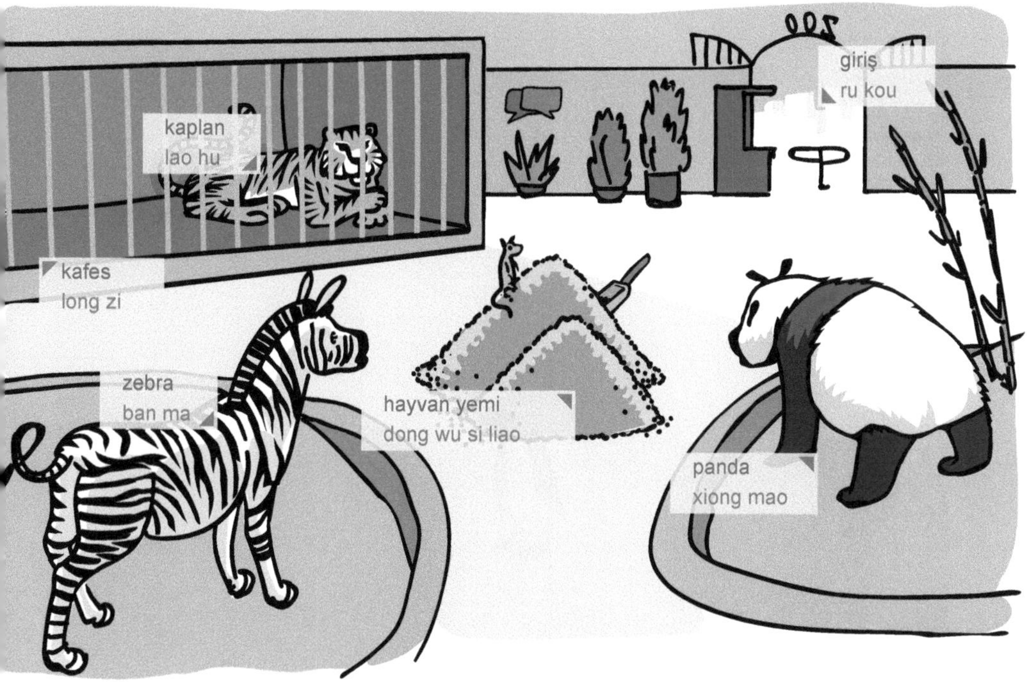

kaplan
lao hu
giriş
ru kou
kafes
long zi
zebra
ban ma
hayvan yemi
dong wu si liao
panda
xiong mao

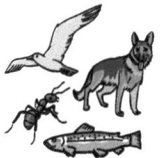

hayvanlar

dong wu

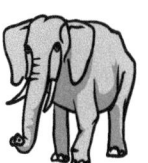

fil

da xiang

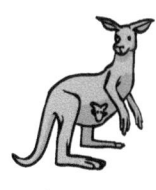

kanguru

dai shu

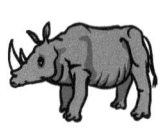

gergedan

xi niu

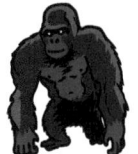

goril

da xing xing

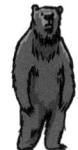

ayı

xiong

deve

luo tuo

deve kuşu

tuo niao

aslan

shi zi

maymun

hou zi

flamingo

huo lie niao

papağan

ying wu

kutup ayısı

bei ji xiong

penguen

qi e

köpek balığı

sha yu

tavus kuşu

kong que

yılan

she

timsah

e yu

hayvanat bahçesi görevlisi

dong wu yuan guan li yuan

fok

hai bao

jaguar

mei zhou bao

midilli atı

ai zhong ma

leopar

bao

su aygırı

he ma

zürafa

chang jing lu

kartal

lao ying

yaban domuzu

ye zhu

balık

yu

kaplumbağa

gui

mors

hai xiang

tilki

hu li

ceylan

ling yang

amerikan futbolu
gan lan qiu

bisiklete binme
qi zi xing che

tenis
wang qiu

basketbol
lan qiu

yüzme
you yong

buz hokeyi
bing qiu

boks
quan ji

futbol
ying shi zu qiu

badminton
yu mao qiu

atletizm
tian jing

hentbol
shou qiu

kayak
hua xue

polo
ma qiu

etkinlikler
huo dong

atlamak
tiao
gülmek
xiao
sarılmak
yong bao
yürümek
zou lu
söylemek
chang
hayal etmek
zuo meng
dua etmek
qi dao
öpmek
qin wen

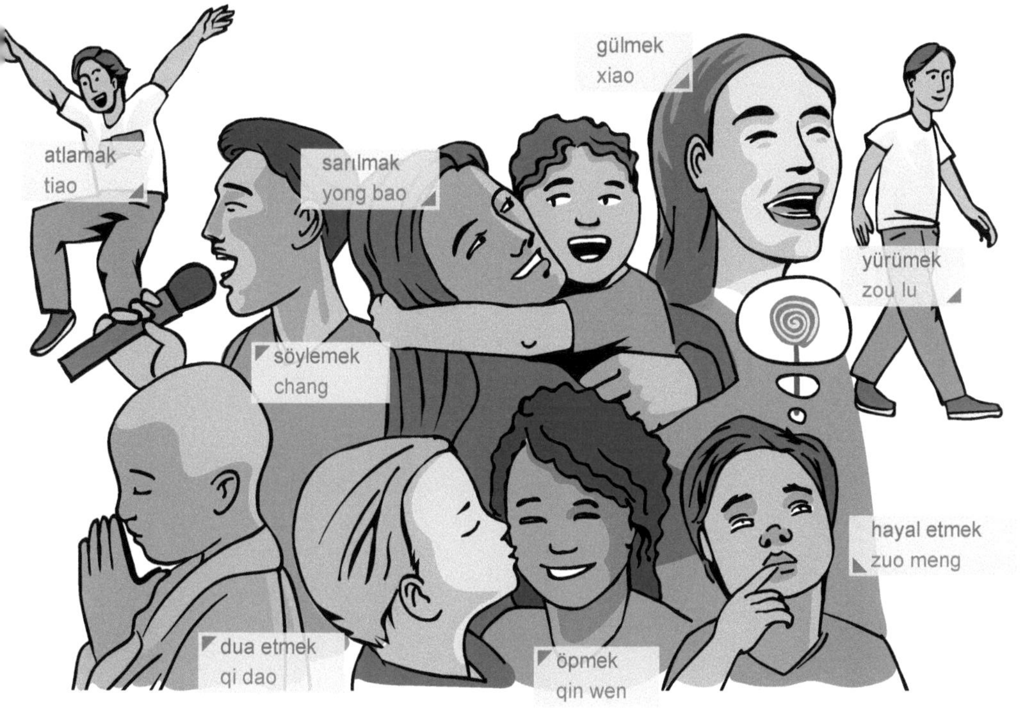

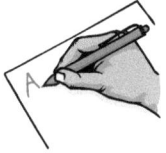

yazmak
shu xie

çizmek
hua

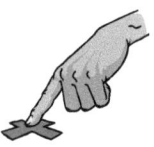

göstermek
zhan shi

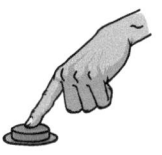

itmek
tui

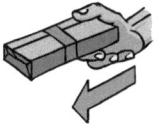

vermek
gei

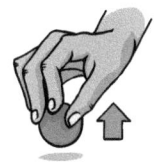

almak
na

sahip olmak
you

yapmak
zuo

olmak
dang

ayakta durmak
zhan

koşmak
pao

çekmek
la

atmak
reng

düşmek
shuai dao

yalan söylemek
tang

beklemek
deng dai

taşımak
xie dai

oturmak
zuo

giyinmek
chuan yi

uyumak
shui jiao

uyanmak
xing lai

bakmak
kan

ağlamak
ku

vurmak
fu mo

taramak
shu tou

konuşmak
jiao tan

anlamak
ming bai

sormak
wen

dinlemek
ting

içmek
he

yemek
chi

düzenlemek
qing li

sevmek
ai

pişirmek
zuo fan

sürmek
kai che

uçmak
fei

denize açılmak

hang xing

hesapla

ji suan

okumak

du

öğrenmek

xue xi

çalışmak

gong zuo

evlenmek

jie hun

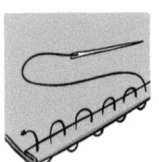

dikmek

feng

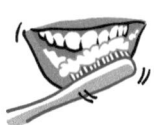

diş fırçalamak

shua ya

öldürmek

sha

sigara içmek

chou yan

yollamak

ji

aile
jia

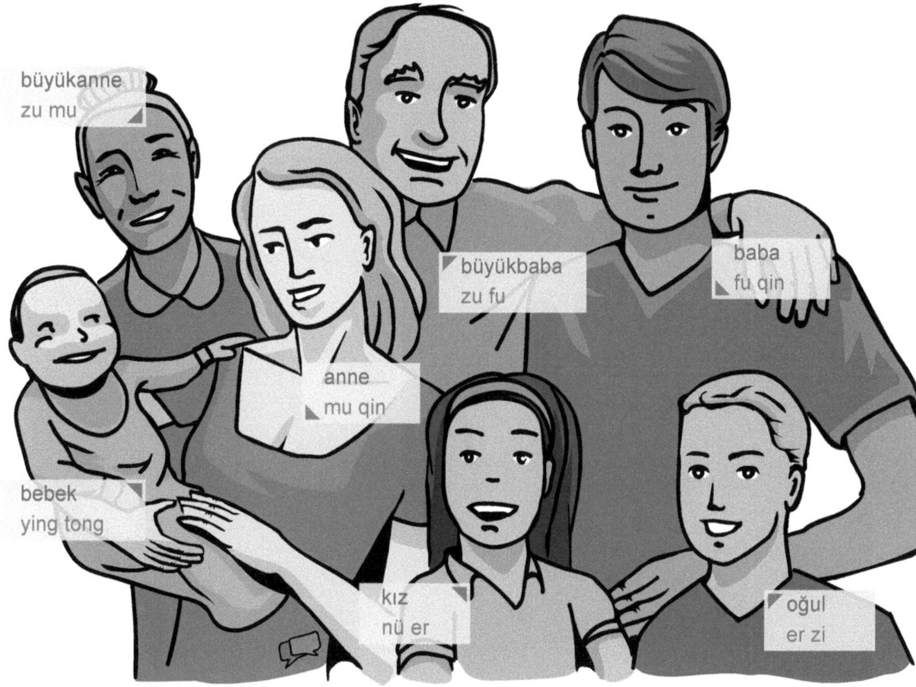
büyükanne
zu mu
büyükbaba
zu fu
baba
fu qin
anne
mu qin
bebek
ying tong
kız
nü er
oğul
er zi

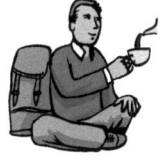

misafir

ke ren

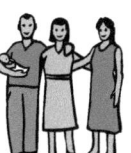

teyze

a yi

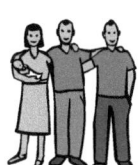

amca

shu shu

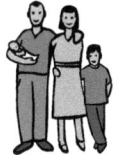

erkek kardeş

xiong di

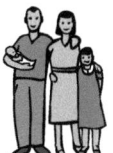

kız kardeş

jie mei

vücut
shen ti

alın
qian e
göz
yan jing
omuz
jian bang
parmak
shou zhi
yüz
lian
çene
xia ba
el
shou
bacak
tui
göğüs
ru fang
kol
shou bi

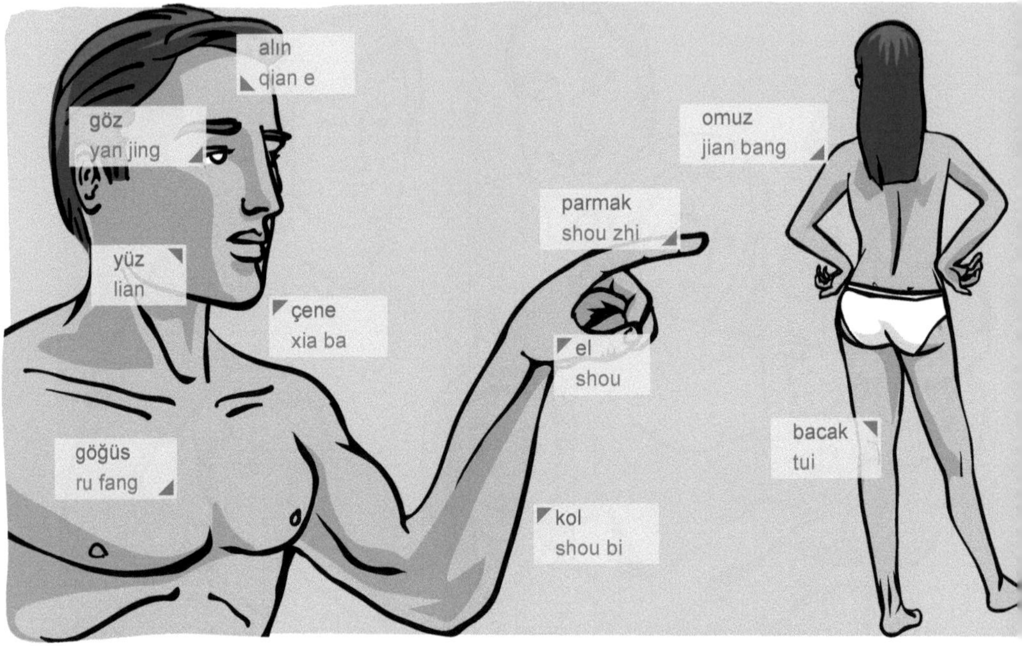

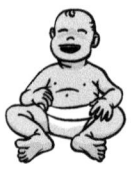

bebek

ying tong

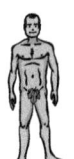

adam

nan ren

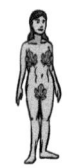

kadın

nü ren

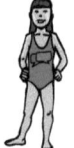

kız

nü hai

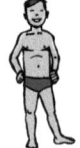

erkek çocuk

nan hai

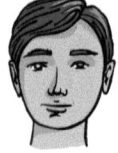

baş

tou

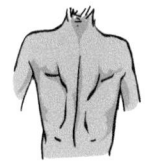

sırt

bei bu

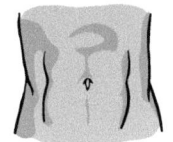

karın

du zi

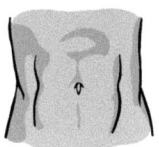

göbek

du qi

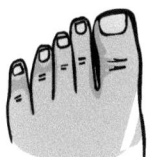

ayak parmağı

jiao zhi

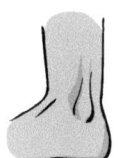

topuk

jiao hou gen

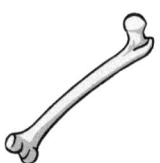

kemik

gu tou

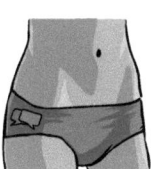

kalça

tun bu

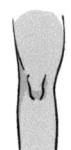

diz

xi gai

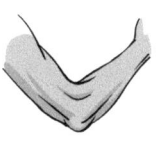

dirsek

shou zhou

burun

bi zi

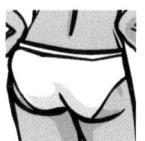

kalça

pi gu

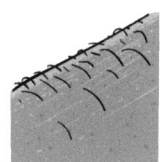

deri

pi fu

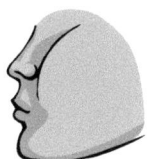

yanak

lian jia

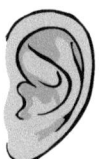

kulak

er duo

dudak

zui chun

ağız
zui

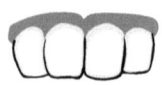

diş
ya chi

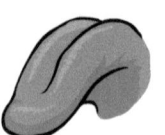

dil
she tou

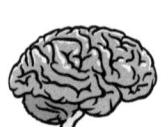

beyin
nao

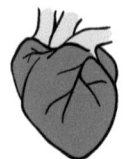

kalp
xin zang

kas
ji rou

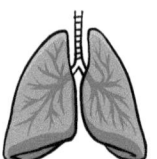

akciğer
fei

karaciğer
gan zang

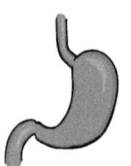

mide
wei

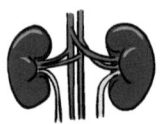

böbrekler
shen zang

seks
xing jiao

prezervatif
bi yun tao

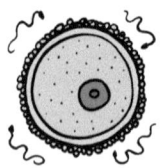

yumurtalık
luan zi

sperm
jing zi

hamilelik
huai yun

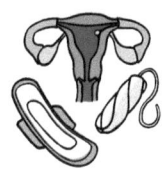

regl

yue jing

vajina

yin dao

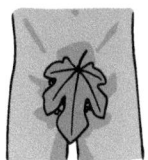

penis

yin jing

kaş

mei mao

saç

tou fa

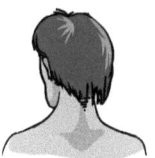

boyun

bo zi

hastane

yi yuan

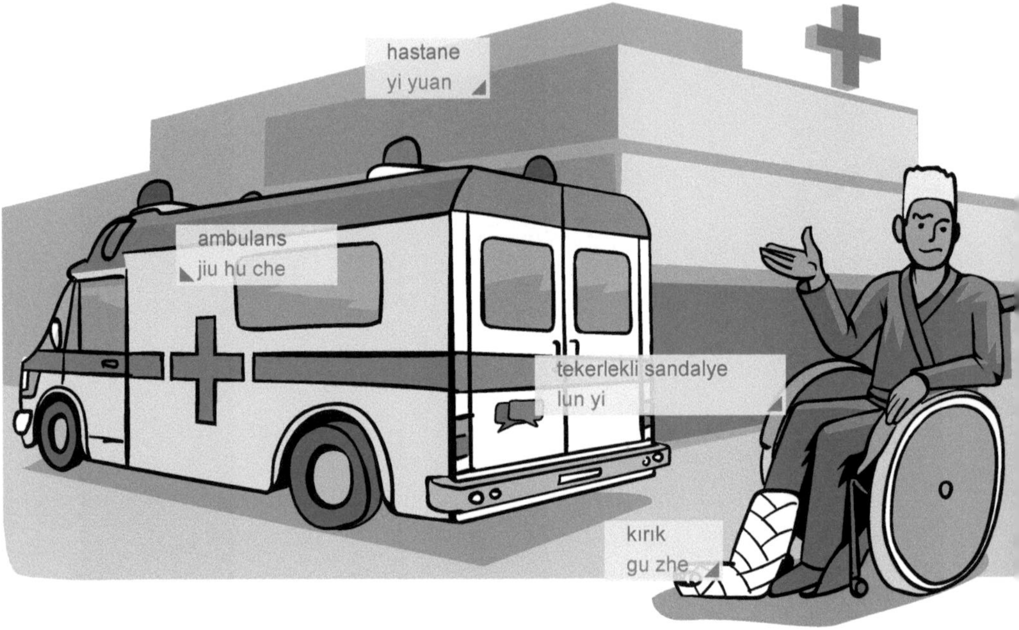

hastane
yi yuan
ambulans
jiu hu che
tekerlekli sandalye
lun yi
kırık
gu zhe

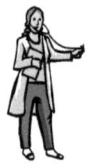

doktor

yi sheng

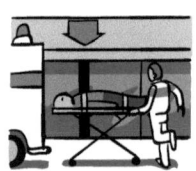

acil servis

ji zhen shi

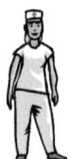

hemşire

hu shi

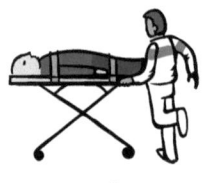

acil

jin ji qing kuang

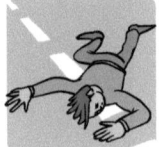

baygın

hun mi

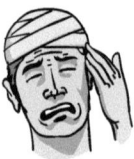

acı

tong

yaralanma

shou shang

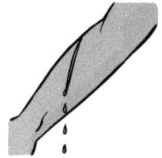

kanama

chu xue

kalp krizi

xin zang bing fa zuo

felç

zhong feng

alerji

guo min

öksürük

ke sou

ateş

fa shao

grip

liu gan

ishal

fu xie

baş ağrısı

tou tong

kanser

ai zheng

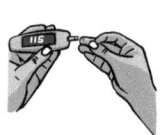

şeker hastalığı

tang niao bing

cerrah

wai ke yi sheng

neşter

shou shu dao

operasyon

shou shu

bilgisayarlı tomografi

CT

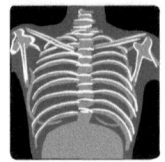

röntgen

X guang

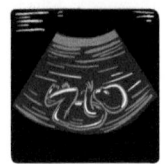

ultrason

chao sheng bo

yüz maskesi

kou zhao

hastalık

ji bing

bekleme odası

hou zhen shi

koltuk değneği

guai zhang

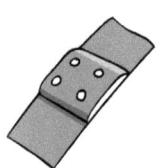

yara bandı

shi gao

bandaj

beng dai

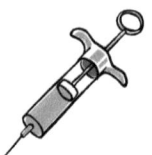

enjeksiyon

zhu she

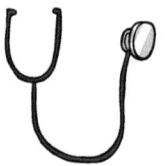

steteskop

ting zhen qi

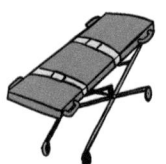

sedye

dan jia

tıbbi termometre

ti wen ji

doğum

chu sheng

fazla kilo

chao zhong

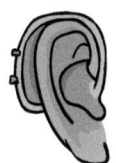

işitme cihazı
zhu ting qi

dezenfektan
xiao du ye

enfeksiyon
gan ran

virüs
bing du

HIV / AIDS
ai zi bing

ilaç
yao wu

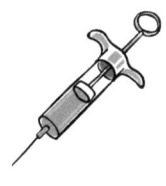

aşı
jie zhong yi miao

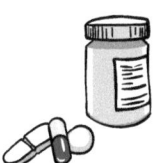

tablet
yao pian

hap
yao wan

acil çağrı
ji jiu dian hua

tansiyon aleti
xue ya ji

hasta / sağlıklı
sheng bing/jian kang

İmdat!

jiu ming!

alarm

jing bao

darp

tu ji

saldırı

gong ji

tehlike

wei xian

acil çıkış

jin ji chu kou

Yangın!

zhao huo la!

yangın tüpü

mie huo qi

kaza

yi wai

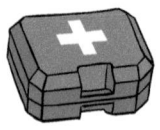

ilk yardım çantası

ji jiu xiang

imdat

hu jiu xin hao

polis

jing cha

Avrupa

ou zhou

Kuzey Amerika

bei mei zhou

Güney amerika

nan mei zhou

Afrika

fei zhou

Asya

ya zhou

Avustralya

ao zhou

Atlantik

da xi yang

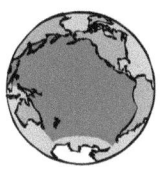

Pasifik

tai ping yang

Hint Okyanusu

yin du yang

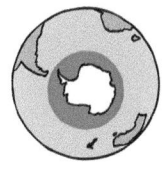

Antarktika Okyanusu

nan bing yang

Arktik Okyanusu

bei bing yang

Kuzey Kutbu

bei ji

Güney Kutbu

nan ji

Antarktika

nan ji zhou

dünya

di qiu

kara

lu di

deniz

hai

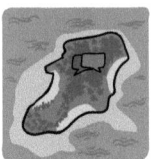

ada

dao

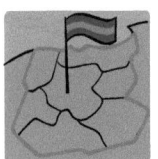

ulus

guo jia

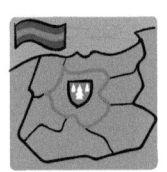

ülke

guo jia

kadran

zhong mian

akrep

shi zhen

yelkovan

fen zhen

saniye ibresi

miao zhen

Saat kaç?

xian zai ji dian?

gün

tian

zaman

shi jian

şimdi

xian zai

dijital saat

dian zi biao

dakika

fen

saat

shi

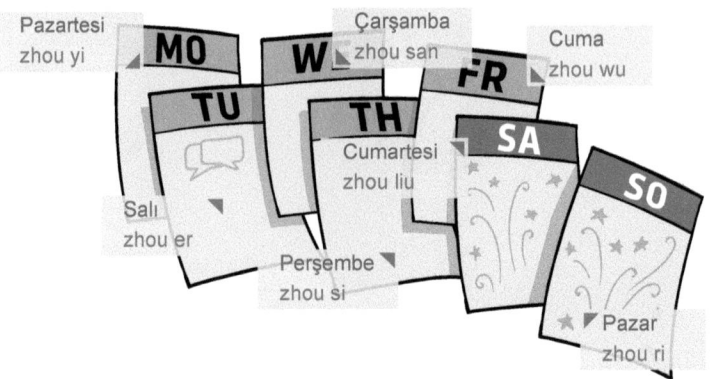

Pazartesi
zhou yi

Çarşamba
zhou san

Cuma
zhou wu

Salı
zhou er

Cumartesi
zhou liu

Perşembe
zhou si

Pazar
zhou ri

dün

zuo tian

bugün

jin tian

yarın

ming tian

sabah

zao chen

öğle

zhong wu

akşam

wan shang

MO	TU	WE	TH	FR	SA	SU
1	2	3	4	5	6	7
8	9	10	11	12	13	14
15	16	17	18	19	20	21
22	23	24	25	26	27	28
29	30	31	1	2	3	4

iş günleri

gong zuo ri

MO	TU	WE	TH	FR	SA	SU
1	2	3	4	5	6	7
8	9	10	11	12	13	14
15	16	17	18	19	20	21
22	23	24	25	26	27	28
29	30	31	1	2	3	4

hafta sonu

zhou mo

yıl
nian

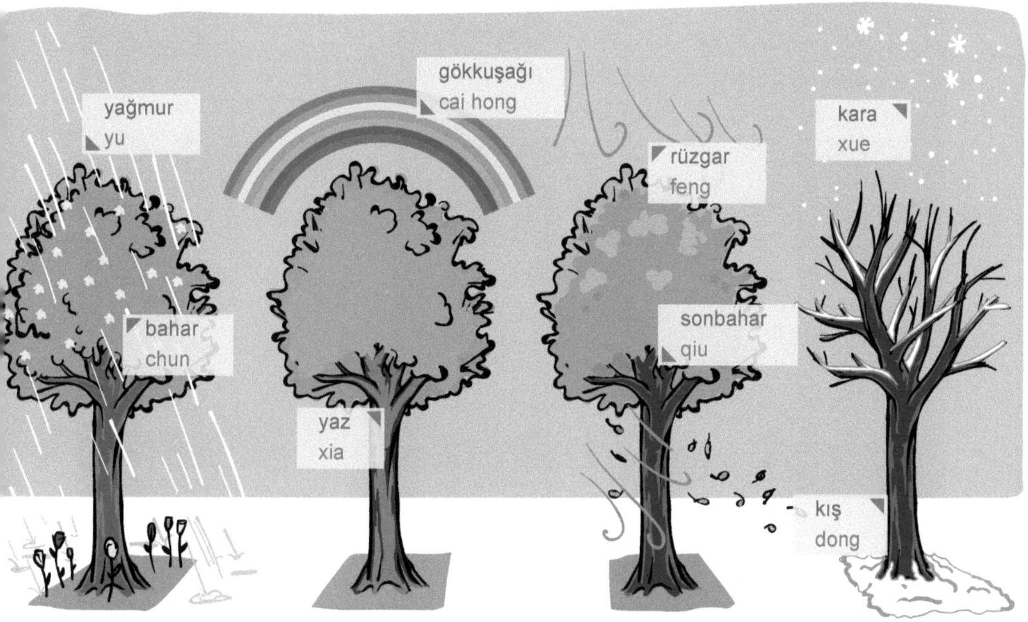
yağmur
yu
gökkuşağı
cai hong
rüzgar
feng
kara
xue
bahar
chun
yaz
xia
sonbahar
qiu
kış
dong

4.APRIL 11°
5.APRIL 4°
6.APRIL 13°
7.APRIL 8°
8.APRIL 10°

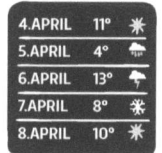

hava durumu tahmini

tian qi yu bao

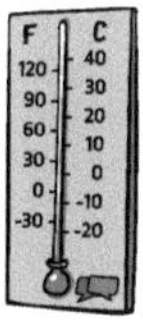
F C
120 40
90 30
60 20
30 10
0 0
-30 -10
-20

termometre

wen du ji

güneş ışığı

yang guang

bulut

yun

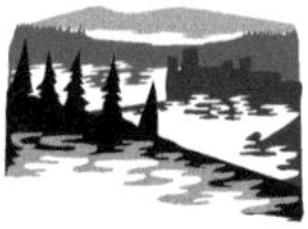

sis

wu

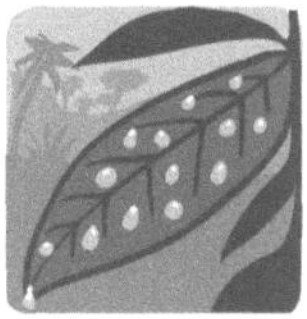

nem

chao shi

şimşek

shan dian

gök gürültüsü

da lei

fırtına

feng bao

dolu

bing bao

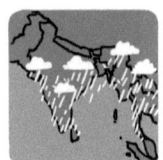

muson

ji feng

sel

hong shui

buz

bing

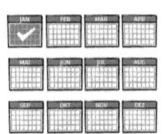

Ocak

yi yue

Şubat

er yue

Mart

san yue

Nisan

si yue

Mayıs

wu yue

Haziran

liu yue

Temmuz

qi yue

Ağustos

ba yue

yıl - nian

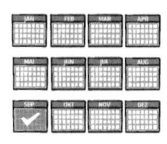

Eylül
....
jiu yue

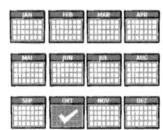

Ekim
....
shi yue

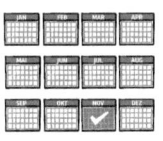

Kasım
....
shi yi yue

Aralık
....
shi er yue

daire
....
yuan xing

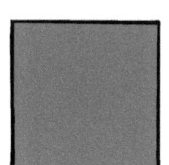

kare
....
zheng fang xing

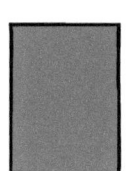

dikdörtgen
....
chang fang xing

üçgen
....
san jiao xing

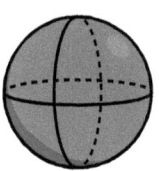

küre
....
qiu ti

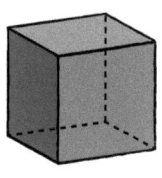

küp
....
li fang ti

beyaz
....
bai

sarı
....
huang

turuncu
....
cheng

pembe
....
fen

kırmızı
....
hong

mor
....
zi

mavi
....
lan

yeşil
....
lü

kahverengi
....
zong

gri
....
hui

siyah
....
hei

çok / az

hen duo/shao xu

kızgın / sakin

sheng qi/ping jing

güzel / çirkin

mei/chou

başlangıç / son

shou/wei

büyük / küçük

da/xiao

parlak / karanlık

ming/an

erkek kardeş / kız kardeş

xiong di/jie mei

temiz / kirli

gan jing/ang zang

tamam / eksik

wan zheng/que shi

gün / gece

bai tian/wan shang

ölü / canlı

si/sheng

geniş / dar

kuan/zhai

yenilebilir / yenilemez

ke shi yong/fei shi yong

kötü / iyi

xie e/shan liang

heyecanlı / sıkılmış

xing fen/wu liao

şişman / zayıf

pang/shou

ilk / son

di yi/zui hou

dost / düşman

peng you/di ren

dolu / boş

man/kong

sert / yumuşak

ying/ruan

ağır / hafif

zhong/qing

açlık / susuzluk

e/ke

hasta / sağlıklı

sheng bing/jian kang

yasa dışı / yasal

fei fa/he fa

zeki / aptal

cong ming/yu ben

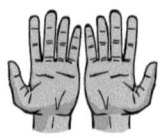

sol / sağ

zuo/you

yakın / uzak

jin/yuan

yeni / kullanılmış

xin/jiu

hiçbir şey / bir şey

mei you/you xie

yaşlı / genç

lao/you

açma / kapama

kai/guan

açık / kapalı

da kai/he shang

sessiz / gürültülü

an jing/chao nao

zengin / fakir

fu/qiong

doğru / yanlış

dui/cuo

pürüzlü / düz

cu cao/guang hua

üzgün / mutlu

shang xin/gao xing

kısa / uzun

duan/chang

yavaş / hızlı

man/kuai

ıslak / kuru

shi/gan

sıcak / serin

wen nuan/liang shuang

savaş / barış

zhan zheng/he ping

0	**1**	**2**
sıfır	bir	iki
ling	yi	er
3	**4**	**5**
üç	dört	beş
san	si	wu
6	**7**	**8**
altı	yedi	sekiz
liu	qi	ba
9	**10**	**11**
dokuz	on	on bir
jiu	shi	shi yi

12

on iki

shi er

13

on üç

shi san

14

on dört

shi si

15

on beş

shi wu

16

on altı

shi liu

17

on yedi

shi qi

18

on sekiz

shi ba

19

on dokuz

shi jiu

20

yirmi

er shi

100

yüz

bai

1.000

bin

qian

1.000.000

milyon

bai wan

İngilizce

ying yu

Amerikan İngilizcesi

mei shi ying yu

Çince (Mandarin)

pu tong hua

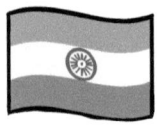

Hintçe

yin di yu

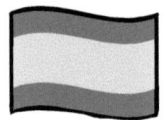

İspanyolca

xi ban ya yu

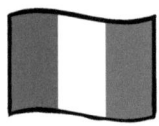

Fransızca

fa yu

Arapça

a la bo yu

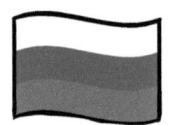

Rusça

e yu

Portekizce

pu tao ya yu

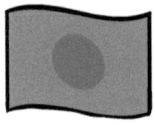

Bengalce

feng jia la yu

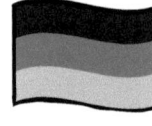

Almanca

de yu

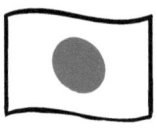

Japonca

ri yu

ben
wo

sen
ni

o
ta/ta/ta

biz
wo men

siz
ni men

onlar
ta men

kim?
shei?

ne?
shen me?

nasıl?
zen yang?

nerede?
na li?

ne zaman?
shen me shi hou?

isim
ming zi

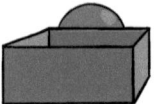

arkasında

hou mian

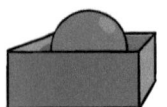

içinde

li mian

önünde

qian mian

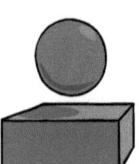

üzerinde

shang fang

üstünde

shang mian

altında

xia mian

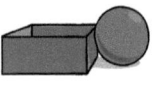

yanında

pang bian

arasında

zhong jian

yer

di dian